그래서 기도

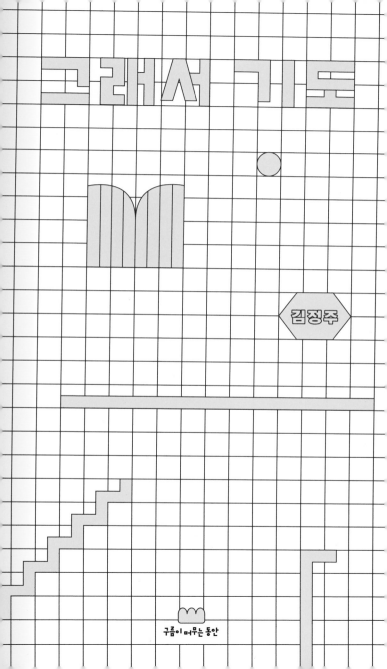

그래서 기도

김정주

구름이 머무는 동안

· 이 책의 본문은 '을유1945' 서체를 사용했습니다.

주여 요한이 자기 제자들에게
기도를 가르친 것과 같이
우리에게도 가르쳐 주옵소서.

누가복음 11장 1절

차례

그래서 기도를
시작합니다

그래서 기도를
배웁니다

그래서 기도를
분별합니다

그래서 기도로
자랍니다

4

그래서
기도를 시작합니다

1

기도가   처음이에요

기도를 생전 안 하던 사람이 갑자기 기도하는 것은 참 어색한 일이다. 기도 자체가 인간의 본성을 거스르는 일이기도 하고 뭐든 처음 하면 어색하기 마련이니까.

하나님은 믿음이 막 생기기 시작한 사람들, 기도한 지 얼마 안 된 사람들의 기도에 응답을 잘 해주신다는 말이 있다. 응답을 받아 본 경험이 있어야 '하나님이 정말 내 기도를 들으시는구나'라는 생각에 계속 기도할 힘이 생길 테니 말이다.

살아가다 보면 기도가 절실히 필요해지는 순간이

온다. 사랑하는 사람이 아플 때, 큰 시험을 앞두고 두려워질 때, 어떤 결정에 앞서 깊은 고민에 휩싸일 때가 그렇다.

이럴 때가 오히려 기회다. 짧게라도 기도를 시작해 보는 건 어떨까? '이런 걸 가지고 기도해도 될까'라는 생각이 들어도 괜찮다. 눈 감고 혼잣말을 하는 것 같아도 이 또한 하나님이 들으신다. 하나님은 기도의 내용이 짧든 길든, 큰 소리로 하든 작은 소리로 하든 상관하지 않으신다. 그저 기도를 시작하는 당신을 기다리고 계시니까.

14

마음을   씻는 시간

마음이 마음대로 되지 않기에 사는 게 참 힘들다. 내 마음은 분명 내 것이 맞는데 좀처럼 마음대로 되지 않는다. 이것이 바로 존재하는 모든 생명체 중 마음이라는 것을 부여받은 인간이 가진 딜레마다. 마음이 있어서 행복하지만, 마음이 마음대로 안 되니 불행하다.

그래서 마음을 가진 우리에겐 기도가 필요하다. 기도는 마음을 따뜻하게 만들어 준다. 기도를 통해서 따뜻해진 마음이 내 힘으로는 벗겨 낼 수 없던 감정의 찌꺼기들을 말끔히 씻겨 준다. 마치 그릇에 딱 달라붙은 밥풀을 씻어 내기 위해 따뜻한 물에 담가 놓는 것처럼 말이다.

기도 속에 마음을 오래 담가 놓을수록, 기도 속에 솔직하게 토해 놓을수록, 우리의 마음은 깨끗해진다. 철 수세미로 긁어도, 퐁퐁을 칠해도, 쉽사리 벗겨지지 않던 그 마음인데, 기도는 그렇게 마음을 씻겨 준다.

기도할 때, 스스로의 힘으로는 내 마음을 지킬 수 없다는 것을 알게 된다. 그러나 기도는 내 마음을 지킬 수 있는 힘을 준다. 마음은 다짐으로 지켜지는 것이 아니다. 마음을 만드신 이의 능력이 부어져야만 지켜진다.

기도는 마음을 마음먹은 대로 되게 하고, 마음을 쓰고 싶은 대로 쓰게 만들어 준다. 이것이 마음을 부여받은 인간만이 누릴 수 있는 기쁨이다. 마음이 마음대로 될 때 행복해진다. 기도는 이 행복으로 마음을 초대한다.

16

기도할   틈은 있다

기도는 삶이라는 경기 안에서 나를 향한 하나님의 계획을 가장 잘 이해할 수 있게 만들어 준다. 또한 내가 어떤 위치에서 어떻게 행해야 하는지에 대한 탁월한 감각도 준다. 그래서 기도할수록 나의 삶에 주어진 시간들을 허투루 보내지 않도록 선택과 집중을 잘하게 된다.

아무리 바쁘더라도 분명 '틈'이 존재한다. 그럴 때 선택과 집중에 대한 정확한 포지션 설정이 이루어진다면 아주 짧은 '틈'이라도 효율적으로 사용할 수 있다.

계획되지 않은 시간, 즉 기도하지 않은 시간은 약점

으로 흘러가기 쉽다. 기도로 채워진 시간 속의 '틈틈'이야말로 약점이 아닌, 해내야 하는 일로 잘 흘러가도록 물꼬를 트게 한다. 바쁘고 정신없고 힘들 때, 여전히 해내야 하는 일들이 산더미일 때, 그때야말로 기도해야 하는 때다. 그러니 너무 바빠서 기도해야 한다는 말이 맞다.

선택과 집중이 이루어졌다고 해도 정작 그 '틈'과 마주했을 때, 내가 그것을 해낼 수 있는 내적 에너지가 고갈되어 있다면 그 역시 약점과 허무한 곳으로 흐리기 마련이다. 기도는 바로 이 지점에서 그것을 해낼 수 있는 실제적인 힘을 공급해 준다. 아무리 많은 씨를 뿌려도 땅이 메말라 있다면 열매를 맺지 못하지만, 메마른 땅을 촉촉이 적시는 물이 공급된다면 열매를 맺을 수 있다. 이처럼 기도는 열매를 맺을 수 있는 힘의 원천이 되어 준다.

그러므로 기도해야 한다. 기도가 잘되는 날들을 보내고 있다면 더 기도해야 한다. 기도가 멈추지 않도록. 기도가 잘되지 않는 날들을 보내고 있다 해도 더 기도해야 한다. 그날들을 멈추기 위해서. 이처럼 쉬지 않고 기도하기 위해서 가장 필요한 것은 기도를 쉬지 않는 것이다.

성공을 향해 일에 쫓기거나
세상이 주는 쾌락에 이끌려
기도를 중단하거나 망각하는 일이
일어나지 않도록
저를 도와주소서.

수산나 웨슬리

주님, 그 크신 사랑을 가르쳐 주소서.
제가 주님의 사랑받는 자녀라는 사실을
매 순간 경험하며 살게 하소서.

당신의 사랑만으로
이 세상을 살아갈 수 있음을
절실히 깨닫게 하소서.

앤드류 머레이

예수님이나   하실 법한 기도

"원수 같은 사람을 위해 기도하는 게 너무 힘들어요. 어떻게 하죠?" 이런 질문을 많이 받는다. 그런데 안 힘든 게 비정상이다.

다른 사람을 위해 하는 기도는 원수가 아니더라도 원래 힘든 법이다. 그런데 마주하기도 힘든 사람을 위해 기도를 하라고? 인간이 할 수 있는 가장 숭고한 행위인 기도를? 도무지 내가 할 수 있는 영역 같지가 않다. 하지만 원래 힘들다는 것을 전제하면 의외로 덜 힘들게 느껴질 것이다.

'다른 사람을 위해 기도하는 건 원래 힘들지. 하물

며 원수 같은 사람을 위해 기도하는 건 더 힘든 일이야. 예수님이나 하실 법한 기도를 나 같은 죄인이 하니, 이건 흉내만 내도 잘하는 거야.'

이렇게 하다 보면 어느샌가 원수 같은 사람을 위해 나름대로 기도하고 있는 자신의 모습을 발견하게 될 것이다. 하나님은 우리가 얼마나 약한지 다 아신다. 흉내 내는 정도밖에 기도할 수 없더라도 충분히 이해해 주시는 분이다. 이 믿음을 가지고 기도해 보자. 원수를 위해 기도하겠다는 마음 자체로 이미 아름다운 기도가 된다.

은혜로우신 나의 아버지,
당신은 악인들의 죽음을
기뻐하지 않으신다고 맹세하셨습니다.

당신은 오히려 그들이
회개하여 당신께 돌아오기를 바라십니다.

스스로를 불쌍히 여길 수도,
도울 수도 없는 그 불신자들을
긍휼히 여겨 주소서.

보지 못하던 자들이 보며,
듣지 못하던 자들이 들으며,
죽은 자가 살아나서,
죄와 죽음이 당신을 거스르지 못하게 하소서.

아버지께서 말씀만 하시면
이러한 애처로운 노력들이 열매 맺을 것이요,
수많은 영혼이 구원을 얻어
영원한 기쁨을 맛볼 것입니다.

그리고 무엇보다
당신의 영광이 영원히 빛날 것입니다.

리차드 백스터

예수님의　　　이름이 가진 의미

"예수님의 이름으로 기도합니다"라는 말로 마무리
되지 않는 기도는 상상하기 어렵다. 물론 기도 끝에
이 말을 붙이지 않는다고 해서 하나님이 기도를 안
들으시는 것은 아니다. 그러니 기도에 꼬박꼬박 이
말을 붙이려는 강박증은 갖지 않아도 된다.

그럼에도 우리가 "예수님의 이름으로 기도합니다"
로 마무리하는 이유는 예수님이 우리의 중보자 되
시기 때문이다. 그분의 중보로부터 우리가 기도할
용기를 얻고, 우리의 기도가 수납되리라는 소망을
얻기 때문이다. 우리가 예수님을 주인으로 모시고
그분께서 십자가에서 이루신 모든 일에 대해 감사

하며, 그리스도의 중보에 대한 참된 확신을 표현하기 위해 예수님의 이름으로 기도한다.

또한 우리는 예수님의 이름으로 기도하며 자신의 기도를 돌아보기도 한다. '이런 기도를 예수님의 이름으로 드려도 될까? 이보다 멋있는 기도, 예수님의 이름에 걸맞는 기도를 드리고 싶다.' 이런 생각을 하면서 말이다.

예수님의 이름이 가진 깊이와 넓이를 잠시 묵상해 보자. 이 말 자체가 은혜가 된다. "예수님의 이름으로 기도할 수 있어서 다행입니다. 예수님의 이름으로 기도할 수 있어서 감사합니다." 이런 감격이 기도에 녹아들 것이다.

선하신 주님,
제 인생의 배를 안전한 당신의 항구로 이끄소서.
죄와 갈등의 풍랑을 피할 수 있는 안전한 그곳으로.

제가 가야할 항로를 보여 주시고,
제가 가진 분별력을 새롭게 하시어,
가야할 방향을 발견하게 하소서.

비록 바다가 거칠고 파도가 높다 해도
주님의 이름으로 수고와 위험을 통과하면
마침내 위로와 평안을 얻게 될 줄 믿나이다.

저에게 바른 항로를 선택할 힘과 용기를 주소서.

카이사레아의 바실리우스

그래도   기도하는 이유

 큰 상금이 걸린 독후감 공모전에 도전했다. 발표
하루 전날 문득, '나 왜 기도를 안 하고 있지?'라는
생각이 들었다. 그러다 '어차피 기도해도 될 일은
되고, 안 될 일은 안 되니까'라는 결론에 이르렀다.
기도한다고 떨어질 글이 당선되지 않을 것이고, 기
도 안 한다고 당선될 글이 떨어지지는 않을 것이다.
그럼 왜 기도를 해야 할까?

사실 나는 독후감이 당선되게 해 달라는 기도를 할
필요가 없었다. 그러나 발표 당일, 결국 나는 새벽
에 일어나 기도했다. 글이 당선되고 떨어지는 일이
아닌, 내 마음이 하나님에게서 붙고 떨어지는 일을

위해서 말이다. 마음이 새벽 공기처럼 차분하고 단단해졌다.

정각 9시, 결과를 확인했다. 그리 많은 이름이 있는 것도 아닌데, 내 이름이랑 비슷해서 다시 확인해 볼 이름조차 없다는 것을 금세 알 수 있었다. 차분하고 단단하던 마음에 짱돌 하나를 던진 것처럼 어마어마한 파문이 일었다. 딱 5분, 화력 발전소처럼 어마어마하게 불타오르는 언어들이 내 안에 솟구쳤지만, 이내 다시 고요해졌다.

이것은 평소 내 마음의 힘만으로는 불가능한 일이었다. 분명 그 이상의 힘이 작용했다. 기도가 마음을 지켜 준 것이다.

기도를 하고도 일이 안되면 하나님을 원망하게 된다. 기도를 안 하고도 일이 잘되면 하나님을 생각하지 않게 된다. 그러므로 일이 되고 안되고를 떠나서 마음을 하나님 안에 두기 위해서 기도해야 한다. 기도로 어떤 일의 결과는 바꿀 수 없지만, 우리의 태도는 바꿀 수 있다.

기도해도 될 일은 되고, 안될 일은 안 된다. 하지만

기도하면 일이 되든 안되든 여전히 나는 하나님 안에 거할 수 있다. 이 사실을 깨달은 것이 나에게는 상금이었다.

기도하기   싫을 때

정말 기도하기 싫을 때가 있다. 뻔히 죄라는 것을 아는데, 그 일을 하고 싶을 때가 그렇다. 분명 하나님은 죄를 짓지 말라고 하실 테니까. 그리고 화내 봤자 나만 손해인데, 속이 시원해질 만큼 화를 내고 싶을 때가 그렇다. 분명 하나님은 감정을 다스리라고 하실 테니까. 그리고 미워하는 사람을 맘껏 미워하고 싶을 때가 그렇다. 분명 하나님은 그 사람을 사랑하라고 하실 테니까. 우리는 이미 정답을 알고 있다. 기도하면 하나님 뜻대로 해야 한다는 것을.

기도는 정말 그런 것이다. 미운 사람을 위해 억지로 한 기도조차도 하나님이 기뻐 받으신다. 기도 한 번으로 원수까지도 사랑할 힘이 생긴다. 하나님 뜻대로 살고 싶지 않을 때가 바로 하나님 뜻대로 살아야 할 때다. 하고 싶은 것이 아닌, 하기 싫은 것을 꾸역꾸역 해내는 것이 순종이다.

하나님은 기도를 통해 하늘에서와 같이 땅에서도 그 뜻을 이루신다. 기도하는 사람의 마음을 통해서도 마찬가지다. 기도하기 싫을 때가 기도가 가장 필요할 때다. 혹시 지금 그렇다면, 그 순간 있는 자리에서 기도해 보자. 하나님이 반드시 그 기도를 받으실 것이다.

십자가 위의 강도도 구원하신
자비의 샘이시여,
나를 죄악의 삶에서 구원하소서.

막달라 마리아에게서 일곱 귀신을
쫓아내신 주님이시여,
내 안에 있는 악한 생각과 기질을 쫓아내소서.

나사로를 죽은 자 가운데서 일으키신
생명의 공급자여,
내 영혼을 죽은 자들과
죄악의 어둠 가운데서 일으키소서.

사도들에게 더러운 귀신을 쫓는
능력을 주신 주님이시여,
내 마음을 다스릴 수 있는 힘을 주소서.

문이 잠겼을 때 제자들에게 나타나신 주님이시여,
내 마음 속 은밀한 방에도 나타나소서.

나환자를 깨끗하게 치유하신 주님이시여,
병든 자를 낫게 하시고 눈먼 자를 보게 하소서.
더러운 내 마음을 깨끗하게 하시고,
혼란스러운 내 영혼을 치유하시며,
하늘의 빛으로 나를 가득 채우소서.

윌리엄 로우

쉬지 않고　　　기도한다는 의미

일상이 순식간에 지나간다. 분주함이 기쁨과 감사가 있을 자리를 빼앗아 간다. 쉬지 않고 기도하는 삶을 살고 싶은데, 도저히 기도할 시간을 낼 수 없다. 지금 내 삶이 이런 상태라면 잠시 눈을 감고, 마음을 모으고 단 5분 정도 기도하는 것만으로도 큰 도움이 된다. 짧은 시간이지만 하나님에게 내 마음과 시선을 돌리기에 충분하다.

바쁜 일상 가운데서도 매 순간 하나님과 교제하며 살아갈 수 있다. 하나님과 교제하며 산다는 의미에는 쉬지 않고 기도한다는 것이 포함된다. 기도하는 사람들에게는 날마다 하나님과 동행하고 싶은 마음이 넘친다. 그 기쁨과 감사로 살아가는 것은 하나님의 뜻이기도 하다. 기쁨과 감사를 늘 간직하려는 태도는 삶으로 드리는 기도가 된다.

우리 일상에 기도를 채우자. 기도한 대로 살기 위해 노력하자. 이 역시 쉬지 않고 기도를 이어가는 일이다. "오늘 하루 정직하게 살게 해 주세요"라는 기도를 하고, 정직을 추구하는 일상을 살아가는 것. "감사하며 살게 해 주세요"라고 기도하고, 매 순간 감사의 기쁨을 잃지 않으려 노력하는 것. 이처럼 기도한 대로 살려는 마음이 기도가 끊이지 않는 길을 만든다.

34

힘을 빼려면 최선을 다해 힘을 주라

언제든지 기도할 수 있으니 기도를 미루는 마음과, 언제든지 기도하기 위해 기도를 준비하는 마음은 완전히 다르다. 전자는 언제든지 할 수 있다는 근거 없는 자신감에 속아 절실함이 상실된 마음이고, 후자는 오늘만 날인 것 같은 절실함이 가득 담긴 마음이다. 하나님은 이렇게 다시는 이 순간이 오지 않을 것처럼 부르짖는 자들에게 뜨거운 기도의 힘과 마음을 더하신다.

그렇다면 단순히 이런 마음을 가져야겠다는 다짐만으로 활활 불타오르는 기도를 할 수 있을까? 그렇지 않다. 우선 기도 없이 처절하게 자신의 힘으로 무언가를 해 본 뒤에 완벽한 좌절을 맛본 그 지점에서 힘이 빠졌을 때 기도의 화력이 생긴다.

힘을 빼려면 힘주는 시간이 필요하다. 상황과 환경을 돌파하기 위해서 있는 힘껏 부딪혀 봐야 한다. 그래도 뚫어 낼 수 없는 벽이 있음을 알게 되면 힘이 빠지게 된다.

힘주는 과정을 거친 사람만이 힘을 빼는 기도에 도달할 수 있다. 죽을힘을 다해 살다가 끝내 좌절을 맛본 사람만이 오늘만 날인 것처럼 드리는, 절대 의존의 기도를 해낼 수 있다. 선택의 여지를 가지고 기도드리는 것과 선택의 여지가 없어서 기도드리는 것의 온도가 같을 리 없다.

기도는 삶과 분리될 수 없다. 간절한 마음으로 최선을 다해 살아 내고 있다면, 기도 역시 간절함과 최선의 모습으로 나타나게 되어 있다. 매 순간 간절한 마음으로 최선을 다해 살아야 한다. 그래야 완벽하게 좌절할 수 있고, 완벽하게 힘을 뺄 수 있으며, 완벽하게 절대 의존의 마음으로 기도드릴 수 있다.

주님,
멀리서도 깊은 데서도
당신의 빛을 분별하게 하소서.
당신을 찾도록
제게 그 방법을 가르치시고
당신을 제게 보이소서.

당신이 보여 주시지 않으면,
결코 저는 당신을 찾지 못하고
당신이 보여 주시지 않으면,
절대 저는 당신을 발견하지 못합니다.

당신을 갈망함으로써
당신을 찾게 하시고,
당신을 찾음으로써
당신을 갈망하게 하소서.

당신을 사랑함으로써
당신을 발견하게 하시고,
당신을 발견함으로써
당신을 사랑하게 하소서.

안셀무스

그래서
기도를 배웁니다

2

하나님을 부르고 나서   적막이 흐를 때

기도할 때, "하나님"을 부르고 나서 무슨 말로 이어 가는 것이 좋을까? 기도를 잘하는 사람들은 자연스럽게 그다음 말을 이어 갈 수 있지만, 처음 기도하는 사람들은 무슨 말을 해야 할지 난감할 것이다. 이럴 때 따라해 볼 만한 기도 순서가 있다.

평소 좋아하던 찬양을 부르며 기도 전 마음을 준비해 보자. 찬양은 곡조 있는 기도다. 어떤 말로 기도드려야 할지 모르겠다면, 나의 상황과 마음에 맞는 찬양을 진심을 다해 부르기만 해도 기도가 된다.

그다음, 지금 누리는 것들에 대한 감사를 고백해 보

자. 감사를 고백하는 것은 하나님의 은혜를 깨닫게 한다. 감사함으로 기도를 이어 갈 때 하나님의 선하심에 대한 믿음이 단단해진다. 그 믿음은 기도를 건강한 방향으로 이끈다.

그러고 나서 회개 기도를 해 보자. 어떤 말로 기도하는 것보다 회개는 강력한 힘을 가진다. 회개 기도를 한 후에 드리는 간구들은 큰 힘을 얻는다. 하나님과 나를 가로막던 죄 문제가 해결이 되었기 때문이다.

기도를 마치기 전, 누군가가 떠오른다면 그 사람을 위해 기도해 보자. 기도는 내 속으로만 깊이 들어가는 것이 아니다. 옆으로 뻗어 나가 누군가를 살리는 힘을 가지고 있다. 이렇게 기도를 마무리할 때 마음이 풍성해진다.

물론 자유롭게 해도 하나님은 모든 기도를 들으신다. 그러나 기도에 익숙하지 않다면 이런 순서를 의식하면서 훈련하는 것도 좋다. 자유롭게 하든 훈련하듯이 하든, 어쨌든 자주 기도하자. 하나님은 우리가 기도하는 것을 매우 기뻐하신다.

당신은 그토록 크신데
아무도 당신을 발견하지 못합니다.

당신은 그토록 큰 소리로 부르시는데
아무도 그 소리를 듣지 못합니다.

당신은 그토록 가까이에 계신데
아무도 그 존재를 느끼지 못합니다.

당신은 모두에게 당신 자신을 주시는데
아무도 당신의 이름을 알지 못하니,
어찌 이런 일이 있을 수 있단 말입니까?

한스 뎅크

아무 말 대잔치가   되어도 괜찮아

"하나님 안녕하세요. 잘 지내셨죠? 제 이야기를 들
어 주셔서 감사합니다." 어딘지 모르게 이상한 이
기도. 그러나 기도가 처음이라면 어떤 말을 해도
괜찮다. 대화를 배워서 하는 사람은 없다. 관계 속
에서 자연스럽게 배워 갈 뿐이다.

하나님은 기도하는 사람에게 반드시 알려 주고 싶
어 하시는 것이 있다. "내가 너의 기도를 듣고 있다.
내가 너와 이렇게 대화하는 것이 참 좋다. 어떤 말
이든 좋으니 계속 나와 대화하자." 이렇게 성령님을
통해서 전해 주시는 이 마음은 들리는 음성보다 큰
확신을 준다.

무엇보다 하나님은 우리를 돕기 위해 항상 기다리신다. 우리가 도와달라며 찾는 것을 무척이나 기뻐하시기 때문이다. 어린 자녀가 자신의 힘으로 할 수 없는 것을 부모에게 도와달라고 요청하면 얼마나 기특할까?

특별한 기도 순서나 공식은 크게 중요하지 않다. 그보다 중요한 것은 '자주', '틈틈이', 기도 시간을 가지는 것이다. 숨을 쉬어야겠다는 의식 없이도 한 순간도 빠짐없이 호흡하는 것처럼 잠들기 전에, 식사하기 전에, 무슨 일을 시작하기 전에 항상 기도하는 것은 하나님 보시기에 아름답다.

45

잊지 말자. 기도는 하나님과의 대화다. 어떤 말이든 괜찮다. 그분은 우리와 나누는 대화 자체를 즐거워하신다.

기도와 감사는   같이 간다

"오늘 하루를 시작할 수 있게 해 주셔서 감사합니다." "하나님을 아버지라고 부를 수 있게 해 주셔서 감사합니다." "기도하는 자리로 이끌어 주셔서 감사합니다." "저를 만나 주셔서 감사합니다."

기도를 시작하는 데 감사보다 좋은 말은 없다. 감사로 시작하는 기도는 기도의 문을 활짝 열어 준다.

감사는 밋밋하다고 생각한 삶의 구석구석에 하나님의 손길이 얼마나 많이 닿았는지를 깨닫게 한다. 그렇다고 감사의 말로 시작해야만 기도를 잘 들어주신다는 공식이 있는 것은 아니다. 감사는 그 자체가 가장 강력한 기도다.

감사만으로 기도를 드려도 훌륭한 기도가 된다. 또한 감사는 또 다른 감사를 낳는다. 감사 기도를 드릴수록 감사할 것이 많아진다.

"하나님 오늘도 감사하게 해 주셔서 감사합니다." 감사로 시작한 기도를 이렇게 마무리해 보자. 감사로 시작되고, 감사로 마무리되는 기도는 언제나 아름답다.

하나님과 함께하는
평화롭고 고요한 이 아침 시간이
얼마나 아름다운지요.

오늘 이 아침을 맞이하는 나의 영혼은
세상을 창조하신 주님과
제 안에 주의 생명을 창조하신
예수 그리스도께 머뭅니다.

당신을 온전하게 흠모할 수 있도록
성령의 능력이 제 안에 머물게 하소서.

오늘도 새롭게 맞이하는 이 아침,
당신의 아름다움과 당신의 은혜,
당신의 부드러운 평강이
저에게 임하여 저는 충만해집니다.

비바람 치는 거센 폭풍도,
바위를 집어 삼킬 만한 거친 파도도,
끝없이 이어지는 염려도
제 안에 계신 주님의 아름다움과 평강을
흔들어 놓지 못할 것입니다.

오스왈드 챔버스

찬양이   기도가 될 때

찬양은 가장 아름다운 기도다. 찬양을 단순히 기도 전에 하는 준비 운동 정도로 여길 때가 많지만 기도 안에 찬양이 있을 때 하나님이 높임 받으신다는 사실을 기억하자.

찬양은 노래로 부르는 것만을 뜻하지 않는다. 기도로 하나님의 성품, 은혜, 사랑, 일하심 등을 고백하고, 감탄하며, 그것을 알아드리는 것도 찬양이다. 하나님은 우리가 이렇게 찬양하는 것을 기뻐하신다.

하나님은 늘 우리와 좋은 관계를 갖기 원하는 분이

다. 사람 사이에서도 서로의 진가를 알아주면 금방 친해지고 좋은 관계가 되기 마련인데, 늘 우리를 곁에 두고 싶어 하시는 하나님의 마음을 우리가 알아드리고 높여 드린다면 그 자체로도 큰 기쁨이 될 것이다.

하나님을 알아드리고 높여 드리는 기도를 하다 보면, 자연스럽게 기도하는 자는 낮아지게 된다. 이런 기도는 잘될 수밖에 없다. 기도할 때 낮아진 마음은 자연스럽게 높으신 하나님을 의지하게 만들어 주기 때문이다.

기도와 찬양은 별개의 것이 아니다. 찬양이 곧 기도요, 기도가 곧 찬양이다. 우리에게 주신 기도의 호흡으로 하나님을 찬양하자.

기도의 사람이 되는　　　비결

길이 나지 않은 곳을 걸어야 할 때가 있다. 이럴 때는 내가 올바른 방향으로 가고 있는지 알기가 힘들다. 기도도 마찬가지다. 중언부언으로 방향성 없는 기도를 하게 되는 건, 기도의 바른길이 되어 주는 '말씀'이 없어서 그렇다.

말씀으로 옳은 방향을 잡은 기도는 하나님의 뜻에 가까워진다. 말씀과 기도는 절대 따로 떼어 놓을 수 없다. 말씀은 기도에 영향을 끼치고, 기도는 말씀에 영향을 끼친다. 또한 말씀은 우리가 하나님의 뜻을 밝히 알 수 있도록 눈을 열어 준다.

붙잡을 말씀이 있는 기도는 힘이 있다. "하나님이 말씀을 통해 저에게 알려 주셨습니다. 이 말씀을 붙잡고 기도합니다. 저에게도 이런 은혜를 주세요. 저에게도 이런 일하심을 보여 주세요."

또한 말씀은 하나님이 누구신지, 하나님의 뜻은 무엇인지, 하나님의 마음은 어떠하신지를 가장 잘 보여 주는 계시의 수단이다. 우리가 대화할 때도 상대방을 잘 알수록 대화는 깊어진다. 말씀을 통해 하나님이 누구신지 잘 알고 친해질 때, 기도는 더욱 깊어진다.

기도의 사람이 되고 싶은가? 그렇다면, 말씀의 사람이 되는 것이 가장 빠른 지름길이다. 말씀의 사람이 되고 싶은가? 그렇다면, 기도의 사람이 되는 것이 가장 빠른 지름길이다.

우리로 하여금 끊임없이
당신의 율법과 거룩한 글들을
묵상하고 마음에 새기게 하소서.

그리하면 우리는 악한 자들과는 달리
일시적인 충동 때문에,
가벼운 먼지와 쓸데없는 교훈 때문에
우왕좌왕하지 않을 것입니다.

오히려 시냇가에 심긴 나무들처럼,
믿음과 성령의 생명을 공급받아
선행의 열매를 드러낼 것입니다.

피터 마터 버미글리

사랑하는 사람과의   만남을 계획하듯

기도는 언제 어디서나 할 수 있다. 하나님이 언제 어디서나 우리 기도를 들으시기 때문이다. 산책 중에도, 출근 중에도, 볼일 보는 중에도, 시간과 장소 상관없이 하나님은 우리가 드리는 기도를 모두 들으신다.

하지만 기도가 잘될 때라면 시끄러운 광장에서도 얼마든지 기도할 수 있지만, 잘 안될 때는 장소와 시간이 매우 중요해진다. 그래서 기도가 항상 잘되게 하려면 시간과 장소의 구별이 필요하다.

자유롭게 출입이 가능한 예배당이 가까이에 있다

면 이보다 좋은 기도 장소가 없겠지만, 집에서 조용한 장소를 정해 기도실로 만드는 것도 좋다. 이것은 집을 예배당으로 만드는 거룩한 행위가 된다.

그리고 하루의 시작과 끝에 기도하는 것이 가장 좋다. 새벽 기도가 아니어도 괜찮다. 평소보다 10분만 일찍 일어나서 기도하는 것으로도 충분하다. 그 10분이 얼마나 하루를 든든하게 만드는지 경험한다면 기도 시간은 자연스럽게 늘어날 것이다.

하루를 마무리하면서 자기 전에 드리는 기도도 10분이면 충분하다. 단, 오롯이 기도에 집중해야 한다. 그렇게 기도로 하루를 마무리할 때 그 10분이 얼마나 평안을 주는지 겪어 보지 않고서는 모른다. 그 평안은 숙면까지 이어진다. 그 기분 좋은 경험을 한다면 기도 시간은 자연스럽게 늘어날 것이다.

사랑하는 사람과의 만남은 생각만으로도 설레고 구체적인 계획을 세우려고 애쓴다. 우리도 기도를 사랑하는 하나님과의 만남이라고 생각한다면, 설렘과 구체적인 계획으로 나타나기 마련이다. 하나님과 만나기 위한 약속 시간과 장소를 정하자. 그리고 그 속에서 그분과 마음껏 교제하자.

무엇을　　기도해야 할까

몸도 건강하고, 가진 것도 많고, 하는 일도 척척 잘 되는 사람이 있다. 한마디로 인생이 참 평안한 사람이다. 이미 다 가진 이 사람은 대체 무엇을 위해서 기도해야 할까? 부족하고 아쉬운 게 있어야 기도할 텐데.

실제로 내가 이런 사람이라면, 혹은 주변에 이런 사람이 있다면, 한 번쯤은 스스로에게 질문해 보자. '나는 무엇을 위해 사는가?' '단순히 먹고사는 것만으로 충분한가?' 아마 그렇지 않을 것이다.

우리에겐 먹고사는 것, 즉 생계유지 이상의 삶이 있

다. 혹시 하나님이 생계에 대해 걱정 없이 해 주셨다면 더 적극적으로 '그 삶'을 추구하라는 뜻이 아닐까 생각해 보아야 한다. '그 삶'이란, 하나님 나라를 위해 사는 삶이다.

사실 먹고사는 문제가 해결되지 않고 계속 불안정한 상태에 있다면, 보이지 않는 하나님 나라를 추구하면서 산다는 것은 쉽지 않은 일이다. 당장 눈앞에 보이는 것에 마음이 흔들리기 때문이다.

하지만 생계가 안정적이라면, 하나님 나라를 위해 집중할 수 있는 여유가 있다. 그렇다면 '그 일'을 위해서 힘을 쏟아야 한다. '그 일'을 위해서 기도해야 한다.

"하나님, 저의 삶에 이런 안정을 주셔서 감사합니다. 그러나 여기에 머물지 않기를 원합니다. 저에게 안정을 주신 이유가 무엇입니까? 그것은 하나님 나라를 위해서 주신 것이 아닙니까? 저의 이 안정됨을 그 일에 쓰기를 원합니다. 나를 사용하여 주소서."

하늘에 계신 하나님,
저 자신이 아무것도 아님을
깨닫게 하소서.

그래서 절망하는 것이 아니라
하나님의 위대하심을
더욱 알게 하소서.

쇠렌 키르케고르

요술 램프를 갖는 것보다   멋진 일

내가 드리는 기도에는 다른 사람을 위한 기도가 있어야 한다. 그렇게 하는 방법은 간단하다. 당장 생각나는 사람들을 떠올려 그들을 위해 기도하면 된다. 평소에 기도 부탁을 한 사람들의 기도 제목을 떠올려서 하면 더욱 좋다.

특별히 어떤 사람을 위해서 기도할 때, 감동이 될 때가 있다. 그럴 때 그 사람을 위해 더 많이 기도하면 나에게도 큰 은혜가 된다.

나를 위해서만 기도하면 편하긴 할 것이다. 하지만 계속 그러다 보면 기도는 요술 램프가 되어 버릴 것이다. 다른 사람을 위해 기도하는 것은 수고롭겠지만, 기도를 통해 하나님이 하시는 일을 보게 될 것이다.

다른 사람을 위해 기도하는 것은 무엇보다 소중한 일이다. 기도를 통해 하나님의 일에 동참하는 것이기 때문이다. 교회를 다니지 않는 사람들도 "당신을 위해 기도할게요"라는 말에 무척 감동받는다. 다른 사람을 위한 기도는 그 자체가 섬김이다.

물론 나를 위해 얼마든지 기도해도 좋다. 응답까지 받는다면 무척 기쁠 것이다. 하지만 짧은 시간이라도 다른 사람을 위해 기도하면서 하나님의 마음을 알게 된다면, 그것만큼 기쁜 일이 또 있을까?

빛나는 별이   당신을 지켜 주듯

기도가 진짜 필요한 순간인데, 입술이 도무지 움직이지 않는다. 사랑하는 사람이 큰 사고를 당했을 때, 내 영혼이 죄의 늪에 빠져 버렸을 때, 인생을 좌지우지할 중요한 선택의 갈림길에 섰을 때, 오히려 기도가 잘 나오지 않는다. 간신히 쥐어 짜 튀어나온 말로는 눈앞의 거대한 상황을 잠재우기엔 턱없이 부족하다. 힘이 전혀 실리지 않은 단어들의 나열일 뿐이다.

이런 순간, 필요한 것이 바로 '기도문'의 힘을 빌리는 것이다. 만약 노래를 잘하고 싶다면 닮고 싶을 정도로 노래를 정말 잘하는 대상을 따라 할 것이다.

이것과 같은 이치다. 중세 시대 교부들과 신앙의 선배들은 기도문을 외우고, 그것을 읊조리며 기도하는 것을 즐겼다.

'기도 따라 하기' 습관은 평소에도 유익을 가져다주지만, 기도가 필요한 절체절명의 순간에 빛을 발한다. 나를 집어 삼킬만한 거대한 상황 앞에서 내가 가진 단어와 문장들은 한없이 초라해 보일 때, 그래서 도저히 그분 앞에 이 모든 상황을 가져갈 수 없을 때, 평소 따라하던 적절한 기도문을 소리 내어 읽거나 외우는 것은 놀라운 위력을 발휘한다.

당신은 그런 기도문을 가지고 있는가? 내가 가진 단어와 문장만으로 어떤 상황에서든 기도할 수 있다고 생각하는 건 교만이다. 겸손한 마음으로 평소에 좋은 기도문을 찾아 낭독하며 외우는 습관을 길러 보자.

별은 깜깜한 밤을 만나야 반짝이듯, 언젠가 당신이 어둠 속을 거닐 때, 당신이 읽었던 기도문이 빛나는 별처럼 당신을 지켜 줄 것이다.

몸이 건강할 때에는
교만과 이기적 야망이 가득했으나,
이제는 제게 찾아온 병으로 하여금
그 교만과 야망을 무찌르게 하소서.

세속의 쾌락을 더는 즐길 수 없게 하시고
오직 당신 안에서만 기뻐하며
병상의 고독한 침묵으로 당신을 찬양하게 하소서.

몸이 건강할 때에는 영의 일을 무시했으나,
이제 그 몸이 아파서 신음하는 동안
영의 달콤함을 맛보게 하소서.

영원하신 당신 안에서 찾는 행복은
얼마나 안전하고 든든한지요.
삶도 죽음도 그 행복을 저에게서 떼어 놓지 못합니다.

오, 하나님.
저의 모든 허물과 엉뚱한 곳에서 행복을 찾아 헤매던
그 많은 시간을 회개합니다.
제 육신의 무질서로 하여금
영이 질서를 찾아가는 방편이 되게 하소서.
저는 물질세계에서 어떠한 행복도 찾을 수 없습니다.
오직 당신 안에서만 행복을 찾게 하소서.

블레즈 파스칼

꼭 주여   삼창을 외친 후 기도해야 할까

기도의 방법에는 정답이 없다. 누군가는 나지막이 한 마디 한 마디 마음을 쏟아 놓는 조용한 기도를 좋아한다. 또 누군가는 "주여! 주여! 주여!" 세 번 주님을 부르고 통성으로 기도하는 것을 좋아한다. 둘 중 어떤 방법이 더 능력 있는 기도라고, 혹은 더 깊이 있는 기도라고 말할 수 없다. 그 어떤 기도도 괜찮다.

우리는 서로 다른 기도 모습을 이해하지 못할 때가 많다. 사람마다 성향과 취향이 다르듯 각자에게 더 잘 맞는 기도 방법을 선택하는 것은 자유다.

64

그래서 기도

부르짖음이 허락되지 않은 일상 가운데 잠시나마 눈을 감고 마음으로 드리는 기도는 그 모습만으로도 아름다운 기도다. 치열한 일상을 떠나 예배당에서 열렬하게 부르짖으며 기도하는 모습 또한 아름다운 기도다.

자신에게 잘 맞는 방법을 찾아서 그것을 더욱 강화하는 것이 지혜다. 기도는 하나님에게 마음을 쏟아 놓는 것이다. 단순이 말을 쏟아 놓는 것이 아니다. 어떤 기도 방법이 자신의 마음을 솔직하게 잘 쏟아 놓을 수 있는지를 판단하여 그 방법대로 하는 것이 지혜로운 기도다.

누가 큰 소리로 부르짖든, 조용히 읊조리든 남과 비교하지 말고, 나에게 맞는 방법으로 기도하자.

불편한   자세 속에서

"두 손을 모으고, 두 눈을 감고, 무릎을 꿇고." 이것
이 우리에게 익숙한 기도의 자세이다. 어린아이들
도 기도하자고 하면 이 자세부터 취하니까. 그런데
자세보다는 마음이 중요하지 않을까? 하나님은 중
심을 받으시는 분이니까.

그런데 사실, 이 말은 반은 맞고 반은 틀리다. 마음
은 몸의 영향을 받기 마련이다. 아니, 마음과 몸은
같다고 해도 과언이 아니다. 팔을 자유롭게 두고,
두 눈을 뜨고 기도해 보자. 눈에 보이는 풍경 때문
에 마음의 중심을 잡기가 힘들 것이다. 주문을 외우
는 건지, 기도를 하는 건지 도통 모를 것이다.

그럼, 이번에는 두 손을 모아 보자. 곧 마음이 모이는 것을 느끼게 될 것이다. 그리고 눈을 꼭 감아 보자. 보이지 않는 하나님에게 집중할 수 있을 것이다. 조금은 불편한 자세 속에서 낮아진 마음으로 기도가 나올 것이다.

마음과 몸은 분리되지 않는다. 마음을 드리기 전에 먼저 몸을 드리자. 그러면 마음도 자연스럽게 따라올 것이다. 기도는 몸과 마음, 둘 다 드리는 것이다.

하나님,
크나큰 시련이 저를 잠식하려 합니다.
염려가 저를 죽이려고 합니다.
이럴 때 무엇을 해야 할지
저는 잘 알지 못하오니
저에게 은혜와 도움을 주옵소서.

하나님께서 저에게 알려 주실 때까지
기다리며 그 순간을 견뎌 낼 힘을 주옵소서.
그 사이 두려움이
저를 지배하지 않게 하옵소서.

디트리히 본 회퍼

은혜받기만 하면　　　다 잘될 거라는 말

각자에게 맞는 기도 방식이 있다. 통성으로 소리 높여 드리는 방식, 침묵으로 읊조리는 방식, 찬양과 함께 드리는 방식, 방언으로 드리는 방식 등 다양한 기도 방식 중 자신에게 맞는 방식을 찾아야 한다. 그렇게 하다 보면 기도는 분명히 늘게 된다.

또한 각자에게 맞는 기도 장소가 있다. 조용한 교회 본당, 시끌벅적한 대중교통 안, 편안하고 익숙한 내 방 등 다양한 장소 중 자신에게 맞는 기도 장소를 찾아야 한다. 그곳에서 기도를 하다 보면 기도는 늘게 된다.

그리고 각자에게 맞는 기도 시간이 있다. 모두가 자는 고요한 새벽 시간, 향긋한 모닝커피가 반겨 주는 아침 시간, 점심 식사 후 벤치에서 여유를 즐기는 휴식 시간, 하루 일과를 마치고 자기 전 시간 등 다양한 시간 중 자신이 기도를 가장 잘할 수 있는 시간을 찾아야 한다. 그 시간마다 기도를 하다 보면 기도는 늘게 된다.

영적인 일을 할 때, 은혜받기만 하면 다 잘될 거라는 착각을 하기도 한다. 그래서 기도 연습은 굳이 하려고 들지 않는다. 하지만 예수님이 아니고서야 누구든 기도를 잘하려면 반드시 연습이 필요하다.

물론 기도를 잘하려면 은혜가 필요하다. 그러나 은혜만 있다고 잘되는 것은 아니다. 세상일과 마찬가지로 기도도 잘하고 싶으면 연습을 해야 한다. 은혜를 구하는 것과 함께 꾸준한 연습만이 기도의 능력자가 될 수 있다.

혹시 지금 기도를 잘 못한다고 해서 걱정할 필요는 없다. 지금도 자라고 있는 기도임이 분명하니까.

기도가 응답되었다는 것을 어떻게 알 수 있을까? 이것을 알기 전에 꼭 해 보아야 할 질문이 있다. 뭘 위해 기도했는지 말이다.

기도할 때는 분명 간절했던 건데 바쁜 일상을 살다 보면 잊어버릴 때가 많다. 무엇을 기도했는지 기억을 못하니 응답되어도 당연히 알아차릴 수 없는 것이다.

기도했던 모든 순간과 제목을 다 기억할 수 없기에 기도를 기록하는 것이 좋다. 이것은 적은 수고로도 할 수 있는 일이며, 우리에게 많은 유익을 준다.

기도가 응답되었는지 확인하다 보면 우리의 기도가 땅에 떨어지지 않았다는 위로를 받는다. 그리고 하나님의 일하심을 고백하고 확인할 수 있다.

'이런 상황에서 하나님이 내 기도를 들으셨지.' '하나님이 이 기도에 이렇게 일하셨지.' 이런 기억은 힘든 순간에 놓여 있을 때, 하나님에게 기도하면 반드시 도와주실 것이라는 믿음을 더욱 강하게 만들어 준다.

기도를 기록하는 것은 소중한 믿음의 자산이 된다. 하나님과 함께한 추억이 고스란히 담겨 있기 때문이다. 내 기도를 통해 하나님이 일하시는 것을 확인하고 싶다면, 오늘부터 기도를 기록해 보자. 그 기록 속에서 하나님이 함께하실 것이다.

모든 것이 잘못되어도
아버지는 변함없는 사랑이십니다.

아버지가 사랑이시라는 사실,
언제나 사랑이시라는 그 사실을
안타깝게도 저는 자주 잊고 의심합니다.

하지만 돌아설 때마다
부정할 수 없는 단 하나의 사실은
당신이 사랑이시라는 것,
바로 그것입니다.

사랑이 의심될 때조차 저는 믿습니다.
제가 의심할 수 있는 것도
아버지께서 저를 사랑하시기 때문에
허락하시는 것임을 믿습니다.

쇠렌 키르케고르

그래서
기도를 분별합니다

3

기도라이팅

기독교에는 '기도라이팅'이 있다. 타인의 심리나 상황을 교묘하게 조작해 그 사람 스스로를 의심하게 만드는 '가스라이팅'처럼, 사랑이라는 이름으로 타인을 조종하는 것이다.

"기도해 봤더니 너보고 회개하라고 하시던데? 숨겨 놓은 죄가 있다면 얼른 회개해." "너를 위해 기도하는데 이런 생각을 주시더라. 그러니 내가 일러 주는 대로 해 보는 게 좋겠어." 이런 기도에는 하나님이 아닌, 내가 들어가 있다. 이것이 바로 기도라이팅을 퍼붓는 것이다.

그렇다고 타인을 위해 기도하고 알려 주는 것을 무조건 '조종'이라고 단정 지을 순 없다. 하지만 기도했다는 이유만으로 모든 것을 말할 수 있는 권세가 생기는 것은 아니다. '내가 당신을 위해 기도했으니, 당신은 내 말을 들어야 한다'라는 당위성이 생기는 것도 아니다. 그를 위해 순수하게 기도했는지, 내 뜻대로 그를 움직이기 위해 기도를 이용한 것인지 분별해야 한다.

누군가를 위해서 진심으로 기도했다면 나의 생각은 잊어버리자. 하나님 자리에 내가 앉지 말자. 기도 후에는 반드시 사랑을 실천해야 한다. 이렇게 하는 것이 누군가를 위해 드리는 진정한 기도가 될 것이다. 그리고 우리는 늘 경계해야 한다. 나도 모르게 누군가를 '기도라이팅' 할 수 있다는 것을.

감정이 　　　　메마른 기도

큰 아픔을 겪은 이를 위해 기도하면서 그 아픔에 쉽게 공감되지 않을 때가 많다. 도무지 그와 같은 마음이 되지 않는 것이다. 마치 내가 피도 눈물도 없는 인간이 된 것 같이 말이다. 이런 건조한 마음으로 기도해도 될지 고민되기도 한다.

하지만 이렇게 생각해 보면 어떨까? 모든 일이 그러하듯, 다른 사람의 아픔을 공감하면서 기도하는 일도 단번에 되지 않는다. 마치 한 방울씩 똑똑 떨어지는 물이 큰 병을 채우듯, 자꾸 하다 보면 언젠가는 차고 넘치는 공감의 기도를 할 수 있을 것이다.

나 자신을 위한 기도도 건조할 때가 많은데, 하물며 다른 사람을 위한 기도는 오죽할까. 그 사람의 아픔을 내 것처럼 끌어안고 처절하게 공감하며 기도해 줄 수 있다면 더할 나위 없지만, 그렇게 하지 않는다고 그 기도가 땅에 떨어지는 것은 아니다. 분명 기도한다는 자체만으로도 그 사람에게 큰 힘이 될 것이다.

공감이 안 된다는 이유로 다른 사람을 위해 기도하는 일을 멈추지는 말자. 우리의 공감이 중요한 것이 아니라, 우리 기도를 받으시는 분의 공감이 중요하다. 이 사실을 기억하자. 우리도 누군가의 포기하지 않는 기도 덕분에 지금 이 자리에 있게 되었다는 사실을.

기도하면 　　 속이 다 후련해

"기도하며 펑펑 울고 나니까 속이 아주 시원해졌어." 기도회 후에 이런 말을 해 보거나 들어 본 적이 있지 않은가? 특히 부르짖는 기도에는 카타르시스가 있다. 그냥 소리만 질러도 스트레스가 해소되는데, 하나님 앞에서 소리 높여 기도하니 얼마나 마음이 후련하겠는가. 내 안의 문제가 해소되는 느낌이다. 그 시원한 느낌 때문에 또 기도하고 그 기분을 느끼고 싶어 한다.

그러나 부르짖는 기도에는 꼭 짚고 넘어가야 할 부분이 있다. 부르짖는 행위 때문에 감정적인 해소를 경험한 것인지, 아니면 부르짖는 기도가 하나님 앞에 상달되어서 그 응답으로 은혜와 능력과 위로가 임한 것인지를 구분해야 한다.

단순한 부르짖음으로 얻은 감정적 배설은 삶까지 영향을 끼치지 못한다. 하지만 부르짖는 기도를 통해서 얻은 은혜와 능력과 위로는 삶까지 영향을 끼쳐 변화를 이끌어 내기 마련이다.

부르짖는 기도 후에 후련하기만 하고 삶의 변화가 전혀 없다면, 그 기도를 한 번 돌아볼 필요가 있다. 부르짖는 기도에는 분명 카타르시스가 동반되지만, 그렇다고 그것이 하나님에게 상달된 기도는 아니니까.

주여.
채워지기를 갈망하는 빈 배를 보소서.

채우소서. 나를 채우소서.
제 믿음이 연약하오니 강하게 하소서.

사랑에 굶주려 있으니
주님의 사랑으로 배부르게 하시고,
그 사랑이 저를 통해
이웃을 향해 뻗어 나가게 하소서.

저는 믿음이 그다지 강하지도,
굳건하지도 않습니다.
종종 의심하기도 하고,
주님을 전적으로 신뢰하지도 못합니다.

오, 주여.
이런 저를 도우소서.

마틴 루터

기복 신앙적인 기도, 해도 될까?

"하나님, 부자 되게 해 주세요." "하나님, 좋은 차 타게 해 주세요." "하나님, 건물주 되게 해 주세요." 과연 이런 기복 신앙적인 기도, 해도 될까? 가끔은 참 아리송한 기도가 있다. 답은 "YES"다. 하지만 여기에 한 가지 조건이 붙는다. 기도'만' 해서는 안 되고 말씀도 반드시 보아야 한다는 것이다.

기도 자체는 하나님 앞에 거룩한 행위다. 문제는 인간의 욕망이 이 거룩한 행위에 마구 투영된다는 것이다. 그래서 우리는 마음의 조율이 필요하다. 기도를 하면서 말씀을 듣고 보고 배우게 되면 개인의 욕망이 걸러지고, 하나님이 원하시는 것이 무엇인지 깨닫게 된다. 말씀을 붙잡고 기도하면 욕망을 붙잡고 기도할 때보다 뜨겁게 기도할 수 있다. 이것이 바로 하나님이 기뻐하시는 기도다.

어찌됐든 기도를 실천하는 것 자체가 매우 소중한 일이다. 만약 '이런 것을 기도해도 될까' 하는 고민이 든다면 섣불리 욕망으로 취급해 기도를 멈추지 말고, 성경부터 펼쳐 보자. 진짜 기도가 무엇인지 경험하게 될 것이다.

기도 몇 번 한다고 하나님이 원하시는 기도가 금세 되지 않겠지만, 괜찮다. 말씀은 기도를 자라게 하니까 우리는 이것을 믿고 말씀 안에서 계속 기도를 배워 가면 된다.

오, 주여.
당신이 받으실 영광과 찬송을
이놈이 감히 받고자 할 때가 종종 있습니다.

남이 저를 대접함이 소홀하다 생각될 때에는
이놈이 어김없이 불평의 마음을 품고,
남이 저에게 모욕과 멸시를 가할 때에는
이놈이 화가 나서 노를 발하나이다.

당신은 모욕과 침 뱉음을 당하고
뺨도 맞으셨는데
제가 뭐라고 당신이 못 받으신
칭찬과 영예를 감히 바라나이까?

주기철

울지 않아도   괜찮아

기도할 때, 펑펑 우는 사람들이 있다. '하나님 앞에서 얼마나 갈급하면 저렇게까지 눈물을 흘릴까'라는 생각에 부럽기도 하다. 하지만 간혹 그 모습에 불편함을 이야기하는 사람들도 있다. "기도는 속으로 조용히 하는 것이지, 저렇게까지 하는 것은 오버야."

갈급함이 가득 차올라 흐르는 눈물은 그 자체로 기도가 된다. 눈물에 담긴 속사정을 하나님이 기도로 받으시기 때문이다. 갈급함이 가득 차올라 흐르는 눈물은 그 자체로 은혜가 된다. 눈물을 통해서 하나님이 자신의 마음을 전해 주시기 때문이다.

하지만 기도할 때 유독 눈물이 잘 안 나오는 사람들이 있다. 이 사람들의 기도는 뭔가 부족해서 그런 것일까? 기도할 때 눈물이 허락되지 않는다 하여도 그것이 잘못된 것은 아니다. 눈물이 기도의 옳고 그름을 따지는 척도가 될 수는 없다.

그러니까 억지로 눈물을 짜내며 연기할 필요는 없다. 눈물보다 중요한 것은 기도하는 자의 마음의 중심이다. 울며 기도한다고 무조건 하나님이 받으시는 것은 아니다. 그 중심에 눈물이 나올 정도로 하나님을 향한 갈급함이 있는지가 중요하다. 하나님은 그 중심의 진실됨을 원하신다.

누군가를 향해 눈물 흘릴 수 있는 마음은 얼마나 귀한가. 하지만 억지로 짜내는 눈물만큼 허무한 것도 없다. 하나님은 눈물의 속사정을 다 아시기에 중심에서 차오르는 갈급함과 진실 됨으로 기도할 수 있는 은혜를 구해야 한다.

제가 성공에 취해 의기양양하거나
실패에 무너져 낙담하지 않게 하소서.

당신이 기뻐하실 만한 일로 기뻐하고,
당신이 슬퍼하실 만한 일로 슬퍼하게 하소서.

당신의 사랑을 위해서라면,
잠시 있다가 사라질 위안들은
기꺼이 모두 제쳐 두겠습니다.
당신이 함께하지 않는다면,
모든 즐거움에 싫증을 느끼게 하시고,
당신이 일으키지 않았다면,
모든 일에 지루함을 느끼게 하소서.

틈틈이 제 생각을 당신에게로 향하게 하여,
불만 없이 순종하고, 투덜거림 없이 참고,
방종 없이 즐기고, 낙담 없이 참회하고,
근엄 없이 진지하게 하소서.

당신을 겁내지 않으면서 두려워하고,
조금도 교만하지 않으면서
남들에게 모범이 되게 하소서.
예수님의 이름으로 기도합니다. 아멘.

토마스 아퀴나스

응답받는 기도의   비결

기도만 했다 하면 응답받는 사람들의 비결은 무엇
일까? 내 기도는 응답이 이토록 더딘데 말이다.

여기 두 부류의 사람이 있다. 기도하고 하늘에서 응
답이 떨어질 때까지 가만히 있는 사람과 기도하고
땅에서 응답받기 위해 부지런히 움직이는 사람이
다. 누가 더 빨리 기도 응답을 받을까? 아무래도 후
자의 사람이 그럴 것이다.

분명 아무것도 할 수 없고 오직 기도밖에 할 수 없
을 때가 있다. 그럴 때는 할 수 없이 기도만 해야 한
다. 그런 기도에 하나님은 초월적으로 역사하시곤

한다.

하지만 대부분의 기도 제목에는 기도한 후에 직접 행동해야 하는 것들이 있다. 그 일을 하는 것 역시 기도다. 하나님은 기도한 자가 그렇게 적극적으로 행동할 때 기뻐하시며 응답해 주신다.

지금 분명히 할 수 있고, 해야만 하는 것이 있는데, 기도만 하면서 그런 것들을 미루고 있는 건 아닐까? 다른 사람들의 기도 속에는 그런 준비와 행동이 있기 때문에 응답받을 수 있던 것은 아닐까? 이것을 판별할 수 있는 아주 간단한 방법이 있다. 할 수 있는 것은 하고, 할 수 없는 것은 하나님에게 맡기는 것이다.

기도가 먼저냐   행동이 먼저냐

기도하다 보면 뭐가 먼저인지 판단이 잘 서지 않을 때가 있다. 기도부터 하자니 일에도 다 때가 있는 것 같은데, 그렇다고 행동부터 하자니 온전히 하나님에게 맡긴 것 같지 않아서 마음이 불편하다.

이것은 '닭이 먼저냐, 달걀이 먼저냐'처럼 어떤 것이 먼저인지를 따져서 답을 낼 것이 아니다. 기도와 행동은 분리되는 것이 아니기 때문이다.

어떤 문제에 맞닥뜨렸을 때, 행동하기 전에 기도 먼저 할 수 있다. 기도하다 보면 행동으로 옮겨야 할 일이 생기는데, 이럴 때는 일어나 움직여야 한다.

반대로, 기도하기 전에 행동 먼저 할 수 있다. 행동하다 보면 기도할 일이 생기는데, 이럴 때는 정신없이 조급하게 움직이지 말고 가만히 앉아 기도해야 한다.

100퍼센트 기도만 해야 하는 일, 100퍼센트 행동만 해야 하는 일은 거의 존재하지 않는다. 그리고 행동과 기도 중 무엇을 먼저 하더라도 그 순서는 크게 중요하지 않다. 기도하고 행동하든, 행동하고 기도하든 중심에 기도가 있다면 전혀 문제되지 않는다. 하나님은 우리의 중심을 보시기 때문이다.

주여,
우리가 바꿀 수 없는 것을
평온하게 받아들이는 은혜와
바꿔야 할 것을 바꿀 수 있는
용기를 허락하소서.

그리고 이 둘을 분별하는 지혜를
우리에게 허락하소서.

라인홀드 니버

대표 기도   잘하는 법

대표 기도에는 영성보다 정성이 필요하다. 영성에만 의존한 즉흥적인 기도는 스스로에게 높은 만족감을 줄 수 있겠지만, 기도를 듣는 회중에게는 큰 영향을 끼치지 못한다.

좋은 대표 기도라 함은 회중에 대한 이해와 배려가 들어 있는 기도이다. 지금 우리가 어떤 예배를 드리고 있는지, 교회가 어떤 상황에 처해 있는지, 함께하는 성도들이 어떤 문제를 가지고 있는지 등을 생각해서 준비해야 한다.

하나님만 들으시는 은밀한 개인 기도와 달리, 대표

기도는 하나님은 물론 회중에게도 들리게 하는 것
이다. 그래서 너무 개인적인 고백에 갇히기보다는
대표성을 지녀야 한다. 나의 감사와 문제만 바라보
는 것이 아닌 '우리'를 헤아리는 마음이 있어야 한
다. 공동체의 아픔과 기쁨을 함께할 수 있는 공감
능력이 필요한 것이다.

이런 마음으로 한 글자 한 글자 정성껏 적어 준비한
대표 기도에 힘이 없을 리 없다. 하나님은 이런 대
표 기도를 기뻐하신다. 잊지 말자. 대표 기도는 영
성보다 정성이다.

나한테   기도시키면 어쩌지

대표 기도를 한다는 것은 참 스트레스 받는 일이다. 하지만 한 번쯤은 대표로 기도할 일이 꼭 생긴다. 예배 시간이 아니더라도 가벼운 식사 자리나 다양한 모임 자리에서 대표 기도를 하게 된다. 우리는 늘 그런 자리에 가게 되면 '혹시 나한테 기도시키면 어쩌지?' 하는 걱정부터 앞선다. '대표 기도 하는 법'을 누가 알려 주기라도 하면 좋을 텐데 말이다.

그런데 '대표 기도 잘하는 방법'을 고민하기 전에 '대표 기도 잘 듣는 법'에 대해서 고민해 본 적이 있는지 생각해 보아야 한다. 대표 기도 시간이 되면 우리는 일제히 심사 위원이 된다. '저 기도는 괜찮

군.' '저 기도는 좀 아니지.' '기도가 너무 기네.' 대표 기도를 마치고 내려오는 사람을 바라보며 우리는 마음속으로 합격과 불합격을 준다.

대표 기도 시간도 내 기도 시간이다. 대표 기도의 한 마디 한 마디에 함께 참여함으로 마음을 쏟을 수만 있다면, 그 역시 하나님이 받으시는 진실한 기도가 된다. 그래서 대표 기도를 준비 하는 사람은 그 기도를 드리는 공동체의 사정을 살피며 적절한 내용과 언어를 선택해야 한다. 예배에 참석하는 이들은 그 기도가 울려 퍼질 때 함께 그 기도 속으로 들어가기 위해 힘써야 한다.

대표 기도 시간은 심사 위원이 되어서 점수를 매기거나, 잠시 눈을 감고 쉬는 시간이 아니다. 이런 잘못된 모습을 모두 내려놓고 함께 기도 속으로 들어가자. 하나님이 그 기도를 받으실 것이다.

의심과 거리낌이 사라진   기도

회개 기도는 우리의 잘못을 일일이 고백하는 시간이 아니다. 하나님은 우리가 고백한 죄만 용서해 주는 분이 아니기 때문이다. 하나님은 이미 우리의 모든 죄를 예수 그리스도를 통해서 용서하셨다.

그렇다면, 회개는 어떻게 해야 할까? "저는 잘못했지만 여전히 사랑받는 당신의 자녀입니다. 넘어지더라도 저는 다시 시작할 수 있습니다. 당신의 사랑이 여전히 크기 때문입니다." 회개는 이렇게 나의 죄인 됨을 고백하는 것이다. 그러고 나서 죄인임에도 나를 용서하시고 여전히 사랑하시는 하나님을 고백하고 경험하는 것이다.

회개 기도를 드릴 때, 우리의 기도는 더욱 강력해진다. 죄와 잘못으로 인한 의심과 거리낌이 사라지고, 하나님이 나를 사랑하신다는 확신으로 마음이 가득 채워지기 때문이다. 하나님에 대한 사랑의 확신은 '하나님이 내 기도를 안 들으시면 어쩌지?'라는 두려움을 내어 쫓는다.

우리는 일상에서 죄를 짓지 않을 수 없는 존재다. 그러나 그것보다 중요한 사실이 있다. 우리가 짓는 죄보다 우리를 용서하시는 하나님의 사랑이 비교할 수 없이 훨씬 크고 놀랍다는 것이다. 그래서 종교 개혁자 마틴 루터는 대담하게도 "용감하게 죄를 지으라. 그러나 용감하게 믿으라"고 말할 수 있었다.

회개 기도를 통해서 나의 죄보다 크신, 나를 향한 하나님 사랑의 크기를 경험하자. 그리고 그 사랑의 확신 안에서 거리낌 없이 기도하자. 이보다 아름다운 기도는 없을 것이다.

"코카콜라 맛있다"는   이제 그만!

신앙을 가진 사람들은 무언가를 '선택'할 때, '기도' 해야 한다고 믿는다. 하지만 그 기도가 내가 해야 할 선택을 하나님에게 떠넘기며 책임을 회피하는 모양새라면 기도가 선택에 그리 도움이 되지는 않을 것이다. 하나님은 우리가 해야 할 선택을 대신해 주시지 않는다.

우리는 선택을 무척 어려워한다. 그래서 어릴 때부터 자주 쓰던 방식이 있지 않은가. 손가락으로 두 선택지 사이를 번갈아 찍어 가며 "코카콜라 맛있다. 맛있으면 또 먹지. 딩동댕." 하고 노래를 부르는 것이다. 그러다 자신이 원하는 것이 선택되지 않으면, "척척 박사님 어느 것을 고를까요? 알아 맞혀 보세요. 딩동댕" 하면서 다시 노래를 이어 가는 것이다. 그러다가 또 마음에 들지 않는 것이 걸리면? 내 마음에 드는 선택지에서 손가락이 멈출 때까지 "딩동댕동"을 계속 외치는 것이다.

선택을 위한 기도보다 중요한 것은 내 선택에 대해 책임을 지려는 정직한 용기다. 그런 태도로 선택할 수 있다면, 사실 무엇을 선택하든 그 걸음은 하나님이 함께하시고 도와주신다. 문제는 내가 감당해야 할 책임을 하나님에게 떠넘기고, 잘되면 내 탓, 안되면 하나님 탓을 하는 것이다.

또한 선택을 할 때 '하나님의 뜻'이 무엇인지 열심히 찾는데, 사실 그 뜻은 숨바꼭질하듯 숨어 있지 않다. 오히려 너무 뻔히 보일 때가 많다. 그런데 왜 그것을 선택하지 못할까? 이미 내가 정해 놓은 답을 가지고 있는데, 하나님의 뜻은 그게 아니기 때문이다.

그래서 우리는 하나님의 뜻이 뻔히 보여도 그것을 선택하지 않는 것이다. 내가 원하는 것이 하나님의 뜻이 될 때까지 "딩동댕동"을 무한 반복하고 있는 것이다. 선택에 있어 하나님의 뜻을 구하기 전에 그런 답정너의 태도를 내려놓는 기도가 우선되어야 한다.

우리가 알아야 할 것을 알게 하시고
우리가 사랑해야 할 것을 사랑하게 하소서.

당신이 가장 기뻐하실 일을
우리가 찬양하고,
당신의 눈에 귀한 것을
우리가 소중히 여기며,
당신에게 거슬리는 일을
우리 역시 미워하게 하소서.

어리석은 인간의 눈에
보이는 대로 판단하게 두지 마시고,
무지한 인간의 귀에
들리는 대로 말하지 않게 하소서.
눈에 보이는 것과 영적인 것 사이에서
진실한 판단으로 분별하게 하시고
무엇보다 당신께서 즐거워하실 일이 무엇인지
늘 살피게 하소서.

토마스 아 켐피스

들어주지 않아서   미안해

병에 걸려 아파하는 자녀를 치료해 달라고 간절히
기도한다. 암으로 고통받고 있는 부모님을 살려 달
라고 하나님께 매달린다. 기도하자마자 하나님이
나타나셔서 낫게 해 주신다면 좋겠지만, 그러지 않
으실 때가 많다.

"하나님, 도대체 왜 기도를 안 들어주십니까?" 이렇
게 따져 묻고 싶은, 하나님을 향한 원망의 마음이
생긴다. 그리고 점점 기도를 놓아 버리게 된다.

매정하게도 하나님은 그토록 간절한 우리의 기도
를 왜 들어주시지 않았는지 그 이유를 설명해 주시

지는 않는다. 그럼에도 우리는 기도하면서 하나님의 마음을 알게 된다. 하나님이 손을 놓고 계셔서 그런 일이 생긴 것이 아니라는 것과 분명 하나님도 우리와 함께 울고 계셨다는 것을.

때로는 솔직하게 하나님에게 나아가 따져 물어도 괜찮다. "왜 사랑하는 사람을 지켜 주시지 않았나요?" "도대체 왜 제 기도에 응답해 주시지 않았나요?"

따지고 원망하는 기도 속에서 하나님은 말없이 우리를 꼭 안아 주신다. 마치 원하는 대로 해 주지 않아 미안하다고 하시듯 말이다.

하늘에 계신 하나님 아버지,
나의 길이 아니라 주의 길로 이끄소서.

그 길이 아무리 캄캄해도
주의 오른손으로 나를 인도하시며
나를 위해 길을 만들어 주소서.

그 길이 평평하든 울퉁불퉁하든
주께서 만드신 길이라면
그 길이 최선이라고 믿습니다.

그 길이 꾸불꾸불하든 곧든
주께서 인도하시는 길이라면
그 길이 평강과 안식을 줄 거라 믿습니다.

주여, 저는 감히 제 길을 선택할 수 없습니다.
저의 운명도 선택할 수 없습니다.
선택할 수 있다 하더라도 절대 그리하지 않겠습니다.
주께서 저를 위한 길을 선택해 주소서.
망설이지 않고 그 길로 가겠습니다.

주께서 나의 잔을 취하시고,
그 잔에 기쁨이든 슬픔이든 채워 주소서.
주께서 보시기에 가장 좋으신 대로
부어 주신다면 기꺼이 받겠나이다.

찰스 스펄전

너는 내게   부르짖어도 된다

기도 한 마디가 입에서 나오지 않을 만큼 힘들 때가
있다. 그럴 때는 기도의 논리도 공식도 생각나지 않
는다. 야속하게도 하나님의 약속은 이미 머릿속에
서 사라져 버렸다. 기도는 전심으로 하나님을 향할
때에 힘을 발휘한다. 그런데 고난 중에는 그 마음이
수시로 찢어지고 갈라지기 때문에 기도의 힘을 발
휘하기도 전에 좌절하게 된다.

기도할 때, 무언가 많은 말을 해야 한다고 생각하지
만, 고통 가운데 드리는 기도는 한 마디의 압축된
언어만으로도 큰 힘을 발휘한다. 우리에게는 한 마
디 기도지만, 하나님은 그 안에 수백, 수천, 수만 개의 내용이 들어 있는 압축 파일처럼 그 기도를 들으신다.

논리 정연한 천 마디 말보다 고통 가운데 간신히 내뱉는 한 마디 작은 신음에 큰 능력이 실린다. 기도 응답의 알고리즘으로 가득 채워진 기교 섞인 문장보다 오직 하나님의 자비하심과 은혜만을 붙잡는 기도에 하나님이 집중하신다. 죄인과 하나님 사이의 크나큰 틈을 놀랍게 채우시는 예수 그리스도의 영광 가운데 눈물로 기도하는 연약한 자들을 성령님이 도우신다.

그렇다. 우리는 하나님에게 부르짖어도 된다. 논리 정연하지 않아도, 공식에 맞지 않아도 괜찮다. 우리의 압축된 한 마디 말 속에 담긴 고통의 문제를 하나님이 다 알고 계신다. 그리고 함께 아파하신다. "너를 사랑한다. 너는 내게 부르짖어도 된다"고 말씀하시면서.

주님,
제 안에는 칠흑 같은 어둠만 있사오나
주는 빛이십니다.

제 힘으로 아무것도 할 수 없사오니
심히 외롭고 허탈할 때에
저를 떠나지 마옵소서.

저는 마음이 연약하여 하나님 없이는
어떠한 평화도 제 안에 이르지 못합니다.

제 안에는 불평이 가득하오나
주님은 인내의 하나님이십니다.

저는 제 길을 모르오나
주님은 제 길을 아시오니,
제가 진정한 자유를 찾게 하시고,
현재를 살아가도록 도와주옵소서.

지금 저에게 어떤 일이 생길지라도
주의 이름만 드높이겠습니다.

디트리히 본회퍼

개떡 같은　　　기도일지라도

하나님은 개떡 같은 우리의 기도를 찰떡같이 들으시는 것을 즐겨 하신다. 인간이라는 존재의 본질은 개떡이다. 그러니 우리에게서 어떻게 찰떡 같은 기도가 나오겠는가. 개떡 본질을 가진 인간이 찰떡 기도를 드리려고 하는 건 그 자체가 고난이요, 결코 도달할 수 없는 딜레마에 빠지는 일일 뿐이다.

그런데 아이러니하게도 이 지점에서 발생하는 것이 바로 '믿음'이다. 우리가 애초에 찰떡같이 기도할 수 있었다면, 기도를 통해 얻게 된 은총을 잘난 내 기도 때문에 생긴 거라고 생각할 것이다. 하지만 우리의 기도가 개떡이라는 것을 인정하면 하나님 앞에서 겸손해질 수밖에 없다.

밤중에 와서 문을 두드리며 떡을 구하는 친구의 간청에 응하라고 한 예수님의 말씀(눅 11:5-13)처럼, 환대하시는 하나님을 믿고 구하고 찾고 두드릴 때 하나님은 우리의 기도를 들어주신다. 하나님이 보여 주신 환대의 절정은 인간의 몸을 입고 오신 예수 그리스도다. 개떡 같은 나의 의가 아닌, 찰떡 같은 그분의 십자가로 이루신 환대를 믿고 하는 기도가 믿음으로 드리는 기도다.

내 기도가 여전히 개떡 같을지라도 찰떡같이 들으시고 환대하시는 하나님을 믿고, 오늘도 기도 속으로 빠져 보자.

아버지께서는 우리에게
율법에 순종하라 가르치십니다.

우리가 그 명령을 모두 지킬 수 있기에
그렇게 말씀하신 것이 아니라,
우리의 무능을 깨닫고 아버지께 나아가
아버지와 하나 되게 하시려는 것임을 압니다.

우리를 아버지께 이끄시기 위해
율법을 주셨음을 믿습니다.
아버지의 생명으로 충만해지기 위해
우리는 아버지께 나아갑니다.

저의 마음은 더러우니, 깨끗하게 하여 주소서.
저는 어둠이오니, 환히 밝혀 주소서.
그리하여 죄인인 저를 용서하여 주소서

우찌무라 간조

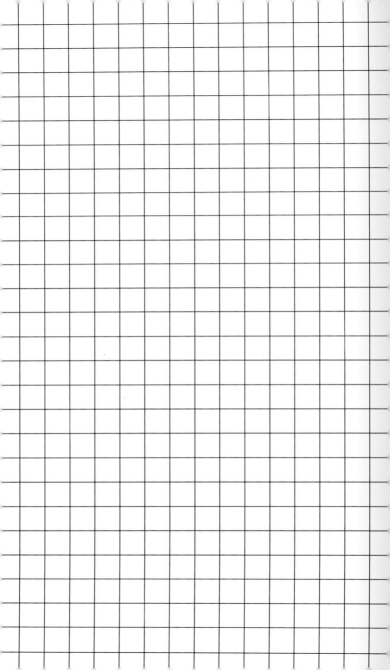

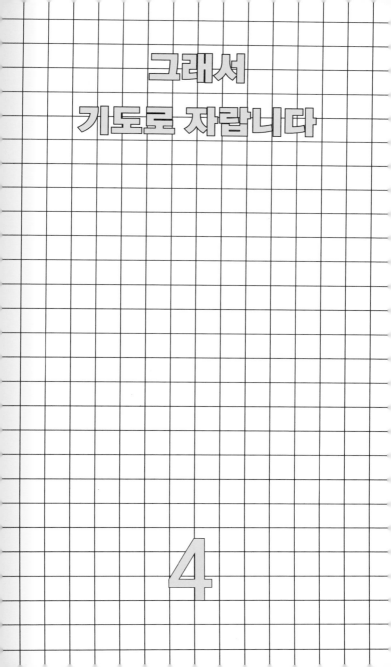

그래서
기도로 자랍니다

4

아이의 연약함에　　놀라지 말라

아이가 우는 것에 놀라지 말라. 아이는 우는 것밖에 자신을 표현할 방법이 없으니. 배고파도 울고, 졸려도 울고, 덥거나 추워도 울고, 불편해도 울고, 아파도 울고, 안아 달라고 울고, 그냥 울기도 하니, 갓난아기를 키울 때 하루의 3분의 2는 아이의 울음을 달래는 데 보낸다.

그러나 아이의 울음이 영원히 지속되는 것은 아니다. 울음을 멈추게 하는 데까지 얼마의 시간이 들어가느냐는 그때마다 다르지만 달래 주면 아이는 결국 달래진다. 다만, 우는 아이가 점점 크게 울어댈 때는 '아이가 우는 것에 놀라지 말라'는 말보다 강한 메시지가 필요하다.

아이의 연약함에 놀라지 말라. 이 훌륭한 말이 우는 아이를 안고 있는 나의 모든 시간을 견딜 수 있게 해 주었다. 지금 내 품에 안긴 이 작은 생명체는 혼자서 할 수 있는 게 아무것도 없다. 그저 부모가 필요하다고, 도와달라고 온 힘을 담아 우는 것 외에는 말이다.

'아이의 연약함에 놀라지 말라. 아이의 연약함에 놀라지 말라. 아이의 연약함에 놀라지 말라.' 그렇게 계속 중얼거리며, 아이에게 말한다. "울어도 괜찮아. 그게 너의 언어니까. 엄마 아빠가 필요하다고 외치는 기도 자체니까. 아빠 너의 연약함에 놀라지 않아. 아빠 너의 연약함에 놀라지 않아. 아빠 너의 연약함에 놀라지 않아." 그렇게 수도 없이 속으로 외치며 아이의 엉덩이를 토닥이다 보면 어느새 새근새근 곤히 잠들어 있는 아이를 발견한다.

우리가 하나님에게 기도드릴 때도, 그 시간의 3분의 2가 넘게 하나님은 우는 우리를 끌어안고 달래신다. "인간이 우는 것에 놀라지 말라. 인간의 연약함에 놀라지 말라"라고 말씀하시며. 그리고 우리와 하나님 사이를 가로막은 수많은 휘장을 그 뜨거운 사랑으로 끌어안아 소멸시키신다. 그 임재의 온기로 우리에게 이렇게 말씀하시며. "난 네가 우는 것에 놀라지 않아. 난 너의 연약함에 놀라지 않아"

기도와 기다림은   동의어

기도하는데도 내 인생은 왜 이 모양 이 꼴일까? 열
심히 기도한 만큼 삶이 바뀌고, 연약함이 극복된다
면 얼마나 좋을까? 구하는 대로 하나님이 응답해
주신다면 더욱 기도할 맛이 날 텐데 말이다. 하지만
이렇게 되는 것이 마냥 좋을지 생각해 볼 필요가
있다.

하나님은 우리 생각에 좋아 보이는 것만을 통해서
일하시지 않는다. 구하는 족족 응답이 되고, 원하는
대로 변화가 된다면 눈에 보이는 것에 의해 우리 믿
음은 좌지우지되고 말 것이다.

열심히 기도해도 당장 눈에 무언가가 보이지 않을 때, 오히려 믿음이 자란다는 것을 아는가? 진심으로 기도하는 사람은 기다릴 줄 아는 사람이다. 기도와 기다림은 동의어다.

포기하지 않고 기다리는 시간 동안 우리는 변화되고 성장한다. 그 시간 동안 내 삶을 받아들일 수 있게 되고, 나의 연약함을 품을 수 있는 용기도 생긴다. 변화시킬 수 있는 것과 그렇지 않은 것을 구분할 수 있는 지혜를 가지게 된다. 이 모든 것은 기도한 후에 기다리는 사람에게 일어나는 일이다.

살아 있는 동안 완전에 이를 수 없다 해도
매일 아주 조금씩이라도
더 높은 단계로 나아가게 하소서.

제 안에 주님을 아는 지식을 더하여 주사
완전하게 채워 주소서.

주님을 사랑하는 마음이 날로 커지게 하사
완전하게 채워 주소서.

그리하여 제 안에 기쁨이 끊임없이 자라고
주님 안에 풍성히 거하게 하소서.

아우구스티누스

절대 가벼울 수 없는   그 약속

"기도할게"라는 말은 몹시 가볍다. 상대방에게는 힘이 될 수 있을지언정 스스로에게는 묵직하지 못하다. 포장은 숭고하지만 그 포장을 뜯어보면 "기도 안 할게"가 숨어 있다. 이 말을 한 번이라도 해 봤다면 진짜 기도한 적이 거의 없다는 사실도 알 것이다.

"우리 언제 밥 한 번 먹자"라고 말해 놓고 진짜로 밥 먹은 적이 많지 않을 것이다. 충분히 밥 한 끼 같이 먹을 수 있는 사이지만 진짜로 구체적인 약속을 잡아 실행에 옮기고 싶지는 않은 것이다. 예의상 서운하지 않은 마무리 인사 정도다. "기도할게"라는 말도 언젠가부터 그런 말이 되어 버렸다.

꼭 해내려는 의지가 강할수록 실행에 대한 계획이 구체적이다. '오늘 정말 열심히 공부해야지'보다 '오늘 8시부터 12시까지 스마트폰은 만지지 말고 공부하다 자야지'라는 결심은 실제로 이뤄질 가능성이 높다.

그저 "기도할게"라는 말보다 "내가 오늘 퇴근하고 5분이라도 따로 시간을 내서 너를 위해 집중적으로 기도할게", "자기 전에 네가 나누어 준 기도 제목을 가지고 구체적으로 소리 내어 기도할게"라고 말해 보는 건 어떨까?

말은 씨가 된다. 구체적인 말일수록 큰 생명력을 가진 씨가 된다. 말을 내뱉으면 그 말이 나를 이끌고 가기 마련이고, 상대방도 '이 사람은 진짜 나를 위해서 기도하는구나'라고 느끼면서 큰 힘을 얻게 된다.

정확히 내가 당신을 위해서 언제 어디서 어떻게 기도할지를 알려 주도록 하자. 그리고 말한 대로 기도를 실천하자. 그런 정성스러운 기도를 하나님이 받으시지 않을 이유가 없다.

기도를 정말 열심히 하던 때가 있다. 매일 정한 시간에 예배당에서 휴대전화도 끈 채 오직 기도로 한 시간을 채우곤 했다. 기도가 안되는 날에도 엉덩이로 기도를 실천했다.

누가 시켜서 한 것이 아니다. 그렇게 하는 게 옳다고 생각했다. 아니, 옳고 그름을 떠나서 기도 외에는 선택의 여지가 없었다. 끔찍할 정도로 부족함이 많던 시기였다. 자기 연민으로 무장되고, 자존감은 바닥에 붙어 있고, 존재는 희미했으며, 외로움은 내 몸의 일부처럼 도저히 떨쳐지지 않았다.

고난의 모든 모양이 예고 없이 우르르 찾아오면 도무지 존재를 가눌 수가 없었다. 그저 주저앉듯 기도했다. 그러다 보면 나의 철저한 연약함은 처절한 기도 속에서 거의 완벽하게 연소되곤 했다. 그 과정이 한 번도 쉬운 적이 없었지만, 기도하고 나면 그 순간만큼은 행복했다. 과연 나의 연약함 없이 기도를 시작할 수 있었을까? 지금 생각해 보면 그때가 가장 많이, 그리고 가장 뜨겁게 기도하던 때이다.

지금은 버스나 지하철을 타고 가면서, 길을 걸으면서, 운동하면서, 아이를 재우면서, 글을 쓰면서, 매 순간 기도할 수 있게 되었다. 예배당에 앉아 절실하게 기도하던 때와는 달리 불편한 자리에서 틈틈이 드리는 기도다.

무엇이 온전한 기도인지 계속 배워 가는 중이다. 기도가 내 삶에서 가장 중요한 자리를 차지하기를 바라고, 그렇게 흔적이 남기를 바란다. 기도할 때의 나, 하나님 앞에서 기도로 서 있는 나일 때가 가장 안전하고 온전하다. 그렇게 기도하는 사람으로 존재하고 싶다. 그래서 오늘도 나는 기도에 대해서 글을 쓰고 기도한다.

주님,
죽고 사는 문제로
염려하지 않게 하소서.
대신 어떻게 하면 더욱 주님만 사랑하고
주님만 섬길 수 있을지를 고민하게 하소서.

주님,
오늘도 제게 은혜를 부어 주사
오직 주님만 사랑하고 섬기게 하소서.

리차드 백스터

기도한 만큼, 살아 낸 만큼

삶은 기도와 항상 함께하는 짝꿍이다. 무릎 꿇고 기도했으면, 일어나서 기도한 내용대로 살아가는 것 역시 기도다. 물론 기도만 하는 것도 쉽지 않지만, 기도한 내용대로 살아가는 것보다는 훨씬 쉬운 일이다.

기도와 삶이 따로 갈 때 기도는 금세 힘을 잃고 만다. 기도한 만큼 삶에 힘이 실리고, 살아 낸 만큼 기도에도 힘이 실리게 된다. 기도한 만큼 살게 되고, 살아 낸 만큼 기도하게 되는 것이다.

"쉬지 말고 기도하라"(살전 5:17)는 말씀은 쉬지 않고 골방에서 기도만 하라는 뜻이 아니다. 기도하는 것과 기도한 내용으로 살아 내는 것의 균형이 잡힐 때 쉬지 않고 기도할 수 있게 된다. 기도가 삶 가운데 있어야 그 안에서 항상 기뻐하고, 범사에 감사하는 방향으로 걸어갈 수 있다.

기도한 내용대로 살아가려면 힘을 많이 써야 한다. 하지만 괜찮다. 살기 위해서 애쓰다가 힘이 빠져도, 기도할 때 다시 힘을 얻기 때문이다. 사랑하기 힘든 사람을 사랑하려고 애쓰다 보면 힘이 빠지지만 기도할 때 다시 사랑할 수 있는 힘을 얻는 것처럼 말이다. 선으로 악을 이기려고 애쓰다 보면 힘이 빠지지만 기도할 때 다시 선을 행할 수 있는 힘을 얻는 것처럼 말이다.

하나님이 주시는 그 힘으로 살아 내면 된다. 그렇게 살아 내기 위해서 힘쓰는 자들에게 기도의 은혜를 배로 부어 주실 것이다. 기도와 삶은 함께 가며 함께 깊어지는 것이다. 무릎 꿇고 기도했다면, 일어나서 살아 내는 것으로 삶의 기도를 드리자.

주님, 저는
주님을 등지고 돌아설 때 넘어지게 되고,
주님을 향해 되돌아설 때 일어나게 되며,
주님 안에 머물 때 든든히 서게 됩니다.

주님을 떠날 때 죽게 되고,
주님에게 되돌아갈 때 소생하게 되며,
주님 안에 거할 때 참으로 살게 됩니다.

주님을 버리고 떠날 때 멸망하게 되고,
주님을 향해 손을 뻗을 때 주님을 사랑하게 되며,
주님을 바라볼 때 주님을 향유(享有)하게 됩니다.

오, 주님.
주님을 불러 아뢰옵니다.

믿음으로 나를 불러 주님을 향하게 하시고,
소망으로 나를 들어 주님께 이끌어 올리시며,
사랑으로 나를 취해 주님과 연합하게 하소서.
아멘.

아우구스티누스

절대 변하지 않는   그놈을 위한 기도

기도해도 안되는 일이 많다. 기대한 대로 잘 안 풀리는 것은 그러려니 하고 넘길 수 있지만, 사실 우리를 정말로 괴롭게 하는 것은 따로 있다. 사람을 변하게 해 달라는 기도, 이 기도는 아무리 해도 잘 이루어지지 않을 뿐더러 시작조차 힘들다.

날 괴롭히기 위해 태어난 듯 악인으로 생겨 먹은 존재들이 있다. 과격한 표현이지만 이렇게밖에 설명이 안 되는 이들이 분명 우리 옆에 있다. 이런 사람을 변화시켜 달라는 기도가 응답되는 경우는 극히 드물다. 기도할수록 도리어 우리 자신을 무기력하게 만들 뿐이다.

그럼 도대체 응답되지 않는 이런 기도는 왜 해야 할까? 그놈이 착하게 변하는 응답은 받지 못하더라도 내가 예수 그리스도를 닮아가는 응답은 받을 수 있기 때문이다.

"예수님을 닮게 해 주세요!"라는 고백은 입술에서는 매우 달콤하지만, 삶에 들어오면 결코 달콤하지 않다. 예수님이 십자가에서 드리신 기도는 무기력함의 연속이다. 하지만 그 무기력한 기도를 통해서 예수님은 하나님에게로 가까이 살 수 있었다.

변하지 않는 악인들을 위한 기도는 당장 아무런 효과가 없는 것처럼 보이지만, 그렇게 기도하는 중에 우리는 예수 그리스도의 십자가 고난에 참여하게 된다. 마음을 찌르고, 할퀴고, 조각내는 고통 속에서 비로소 예수님을 닮게 된다. 한 걸음 한 걸음 그분을 따르고, 십자가 정신을 깨닫게 된다.

예수님을 닮게 되는 것이 최상의 기도 응답이 아닐까. 그분을 조금이라도 닮게 된다면, 그 악인 대신 내가 변하고, 그를 조금은 너그럽게 대할 수 있지 않을까. 예수님이 나를 너그럽게 대하고 사랑하신 것처럼 말이다.

하루가   만신창이가 될 때

너덜너덜 만신창이가 된 마음으로 하루를 보낼 때가 있다. 도무지 무엇으로도 채워지지 않는 허기진 마음에 내일이 오지 않기를 바랄 때가 있다. 그럴 때마다 나를 든든하게 잡아 주는 문장이 있다.

"기도하면 되지 뭐!"

하루를 마무리하며 잠시 드리는 기도가 나를 괴롭히던 이 불편한 마음을 연소시킨다. 전능자의 손길이 부드럽고 따스하게 내 영혼을 어루만진다. 내 힘으로는 어찌하지 못하던 그 지친 마음이 기도 속에서 잠잠해진다.

창조자는 인간의 속성이 그저 먼지뿐임을 알고 계시기에, 인간이 무엇으로 살아 있게 되는지 가장 잘 아신다. 그분의 사랑이 인간의 가장 깊은 곳으로 발사될 때, 마치 죽은 자 같던 인간은 비로소 생기를 얻게 된다.

감당하기 버거운 상황과 환경은 기도 속에서 나를 바꾸는 연료로 사용된다. 하나님은 그저 팔짱 끼고 바라만 보지 않으신다. 언제나 인간의 모습으로 함께하신다. 잔잔하던 상황이 이성을 잃고 나를 덮칠 때, 우리는 이것을 고난이라 부른다. 그분이 내 안에, 내가 그분 안에 있을 때, 고난은 '코난'이 되어 존재의 변화를 막는 범인을 찾아낸다.

기도에는 불안을 평안으로 바꾸는 놀라운 힘이 있다. 그래서 오늘 하루가, 내일 하루가, 앞으로의 날들이 어떠하든 이 문장 하나만 내 안에 살아 있다면 크게 걱정하지 않아도 된다.

"기도하면 되지 뭐!"

하나님,
제 마음이 얼마나 좁은지 압니다.
세상 것들에 마음을 빼앗겨 버리면
하늘에 속한 것들이
제 안에 들어설 여지가 없습니다.

무슨 일을 하든 만물 안에서
하나님을 보게 하시고,
계속하여 저를 감찰하시는
하나님을 볼 수 있도록 저를 지켜 주소서.

아무리 중요한 일이라도 그 일에 파묻혀
하나님이 항상 제 곁에 계시다는 감각이
마비되지 않게 하소서.

존 웨슬리

하나님과의 관계를   점검해 보세요

한집에 사는 가족이라도 함께 보내는 시간이 별로
없다면 결국 여기저기서 균열이 생긴다. 겉으로는
괜찮아 보여도 얼마 지나지 않아 문제가 발생한다.
아침에 출근하는 아내와 밤에 일하는 남편, 주말에
도 일해야 하는 아빠와 주말밖에 시간이 나지 않는
아이들. 바쁜 게 나쁜 건 아니지만, 서로 얼굴도 보
지 못할 정도로 바쁘면 관계가 소홀해지기 쉽다.

고도의 팽팽한 긴장감을 가지고 이것저것을 다 붙
들려고 안간힘을 써 보지만, 어느 순간 '탁'하고 놓
쳐 버리면, 그때부터 와르르 무너지고 만다. 바쁘다
보니 일일이 추스를 여유와 여력이 없다.

일부러 오늘 하루는 아무것도 하지 않을 작정으로 나를 바쁘게 만드는 태엽을 감지 않았다. 온종일 가족과 함께 있었다. 특별한 것을 하지 않았다. 어디 여행을 다녀온 것도 아닌데, 가족이 함께 저녁 한 끼를 먹으며 행복을 나누었다. 따로 시간을 내서 기도하지는 못했지만, 사랑하는 가족과 함께 보낸 모든 시간이 기도 같았다. 아니, 기도였다.

기도만 할 때 생기는　　　　문제들

기도에는 기도 '안에서' 하는 기도와 기도 '밖에서' 하는 기도가 있다. 기도 안에서 하는 기도는 하나님 앞에 홀로 앉아 마음을 쏟고 은총을 구하는 행위다. 기도 밖에서 하는 기도는 기도한 내용대로 직접 실천하고 행동하는 것이다.

지난주에 나는 기도 안에서 기도하는 일에 열심을 냈다. 시간을 짜내고 쪼개서 그렇게 했다. 그 짜냄과 쪼갬의 중심에는 아내의 희생이 있었다. 나는 기도 안에서 기도함으로 촉촉해져 가는데, 아내는 메말라 갔다. 나 혼자만 쉬지 않고 기도하며, 항상 기뻐하고, 범사에 감사하게 되었다.

이번 주에 나는 기도 밖에서 기도하는 일에 열심을 냈다. 시간을 짜내고 쪼개서 그렇게 했다. 그 짜냄과 쪼갬의 중심에는 아내의 일상을 지켜 주고 싶은 나의 배려가 있었다. 나의 기도 밖에서 하는 기도로 아내는 촉촉해져 갔다. 그제야 함께 쉬지 않고 기도하며, 항상 기뻐하고, 범사에 감사함에 도달할 수 있었다.

기도 안에서 하는 기도에만 몰두되어, 나 혼자만 경건의 유익을 누린다면 자기만족에 도취된 신앙이 되어버리기 쉽다. 기도 안에서 하는 기도가 기도 밖에서 하는 기도로 연결될 때, 살리는 신앙이 된다. 진정으로 기도 안에서 기도한 사람은 삶에서 실천할 수 있는 게 보이기 마련이다. 기도 안에서의 기도는 기도 밖에서의 기도를 하기 위한 시작이다.

139

기도 안에서 하는 기도가 기도 밖으로 이어지기는 쉽지 않다. 삶은 기도보다 아프고 복잡하기 때문이다. 하지만 기도 밖에서 하는 기도가 아플수록, 기도 안에서 하는 기도는 더욱 뜨거워진다. 기도 밖에서 하는 기도가 복잡할수록, 기도 안에서 하는 기도는 더욱 명료해진다.

이 둘이 얽히고설킬 때, 비로소 기도는 쉬지 않고 타오르는 빛 자체가 된다. 그 자리에서 기도하던 자아는 사라지고, 기도가 그 자아를 사용하여 기도하듯, 기도의 사람만 남게 된다. 신비로운 영역이다.

기도 안에서 기도보다 간절히 기도하고, 기도 밖에서 기도보다 아프게 살아 내자. 기도 밖에서 할 수 있는 게 참 많다.

하나님이 나를 안아 주시는   그 느낌

나는 한번 잠에서 깨면 다시 자는 것이 잘 안 된다. 새벽에는 특히 그렇다. 그래서 아이가 깨면 어차피 새벽 기도를 하던 시간이라서 그대로 아이를 끌어안고 기도한다. 그때의 느낌은 교회에서 기도드리는 느낌과는 또 다른 감격으로 다가온다. 아이를 안고 기도하는 그 모습이 마치 하나님이 나를 안고 기도해 주시는 것처럼 느껴지기 때문이다.

기도는 그렇게 하나님 아버지에게 대롱대롱 안겨 있는 일이다. 그 상태로 나는 땅의 언어로 기도를 아뢰고, 하나님은 하늘의 언어로 기도를 들으신다. 땅과 하늘이 만나는 그 지점이 바로 '임재'다. 기도

가 깊어질수록 하나님 아버지 품으로 쏙 하고 들어
간다. 그 넓고 깊고 따스한 품속에 잠긴다. 그 경험
은 내가 그분 안에, 그분이 내 안에 있다는 것이 그
저 말뿐이 아닌 실제임을 깨닫게 해 준다.

나는 이렇게 기도하는 시간을 사랑한다. 그 순간이
몹시 고요하고 침착하고 아름다워서 몇 번이고 나
를 살게 만든다. 새근새근 내 품 안에서 완벽히 자
신의 존재를 맡기고 자는 아이를 보면 도저히 미소
를 참을 수가 없다. 분명 하나님 아버지도 당신 품
에 완벽히 자신의 존재를 맡기고 기도를 쏟아 낸 자
녀를 보시며 미소를 참으실 수 없을 것이다. 그저
하나님에게 안겨 있자.

안식을 위한 밤을 허락하신
나의 주 하나님,
이 밤에 피곤한 몸이 충분히 안식을 취하여
당신을 향해 깨어 있는
제 마음이 멈추지 않게 하소서.

이 마음이 희미해지거나
무감각해지는 일이 없도록,
그리하여 당신의 사랑에서
잠시라도 멀어지지 않도록 하소서.

하루의 근심을 내려놓고
마음을 쉬게 하더라도 당신을 잊지 않도록,
그 선하심과 은혜가 내 마음에
항상 새겨져 있도록 하소서.

몸만큼이나 마음도 정결하게 하시고,
모든 위험으로부터 안전하게 지켜 주소서.
그리하여 잠자는 이 시간마저도
당신의 영광을 위해 쓰도록 하소서.

장 칼뱅

그래서 기도

내 삶의 하나님 흔적

2023년 4월 30일 초판 1쇄 인쇄
2023년 5월 10일 초판 1쇄 발행

지은이 김정주

펴낸이 고태석
디자인 김수진 | 엔드노트
편집 프롬와이

펴낸곳 구름이 머무는 동안
출판등록 2021년 6월 4일 제2022-000183호
이메일 cloud_stays@naver.com
인스타그램 @cloudstays_books

ISBN 979-11-982676-2-7 (03230)